AF187538

Andrea Ade

Die dicke Emma

wünscht sich schlank

schon ein Leben lang

Bibliografische Information der Deutschen National-
bibliothek:
Die Deutsche Nationalbibliothek verzeichnet diese
Publikation in der Deutschen Nationalbibliografie;
detaillierte bibliografische Daten sind im Internet
über http://dnb.dnb.de abrufbar.

Herstellung und Verlag: BoD – Books on Demand,
Norderstedt

ISBN: 978-3-7494-9989-2

Tagesgeschäft

Das Leben ist zu ernst
kann oft nicht lachen
deshalb sollten wir es
umso öfter machen

September 2019

Früher wurde Emma

oft von Leichtigkeit getragen
doch die kommt jetzt nicht mehr
denn Emma ist ihr viel zu schwer

Heute trägt sich Emma selbst
als ganz schön großes Zelt
und selbst das trägt auch noch auf
abgemalt und ganz dick aufgetragen
so läuft die Emma
nun durch diese Welt

denkt manchmal an die Leichtigkeit
und wenn die Sehnsucht in ihr schreit
zieht sie den Vorhang sofort wieder zu
Leichtigkeit ist jetzt TABU

Die dicke Emma

Jeden Morgen das gleiche Spiel. Emma steht auf und wiegt zu viel. Sie wiegt sich täglich und möchte nie mehr in den Spiegel sehen. Sie will nicht raus, fürchtet sich davor, gesehen zu werden.

Den Kopf auf runden Schultern und dickem Hals – das war ganz anders mal vor 20 oder 30 Jahren. Keine Ahnung hat die Emma mehr und seufzt so schwer.

Jeden Tag das gleiche Bild. Die drei Pullover machen Emma wild. Mehr hat sie nicht zum Überziehen. In braun, blau und schwarz, das war's. Aber es passt.

Letzten Monat ging es wieder mal ins Altenheim. Dort macht die Emma ab und zu Musik mit ihrer Freundin. Zu zweit im Duo strecken sie den bunten Nachmittag und selbst dabei hört sie immer wieder: «Die Dicke da spielt aber schön. »

Demenz lebt Ehrlichkeit und das tun auch die Enkelkinder, schauen die Oma an und sagen frei heraus «du bist so dick doch auch so warm!» «Oh diese Scham» denkt Emma immer wieder und jeden Tag und an den Arztbericht, der neulich kam.

In (p)ösen Worten stand da ADIPÖS, immer noch wird sie nervös, nur das hat sie verstanden. Die guten Neuigkeiten in diesem Arztbericht hatten keine Chancen in ihrem Gehirn zu landen.

Die Menschen mit der Seele sehen.

Emma kann das, doch glaubt nicht daran, dass Menschen auch sie so sehen. Sie fühlt sich selbst zu dick, kann sich nicht annehmen und denkt zu wissen, was andere in ihr sehen. Die Emma ist arm dran, hat Unrecht. Auch der Verstand leidet unter diesem *dick* und *nicht verstehen*.

Warum kann sie nicht entspannen und einfach gerne weiterleben. Vielleicht nicht wunderschön, aber voller bunter Ideen.

Die kann jeder sehen, da hat die Emma nichts dagegen und freut sich über jedes Lob und jeden Lacher.

Und manchmal fühlt sie sich sogar als Kracher, lacht auch gerne über sich und dann versteht sie sich ...

Emma zu dick

Emma schluckt, wenn sie in den Spiegel blickt und fühlt so oft, was all die andern denken, wenn man sich irgendwo mal wiedertrifft?

Mutiert zum Mammut hat sie sich. Das Filigrane mal an ihr, die zarten Züge, das klassische Profil, all das ist nun schon lange weg.

Zurückgeblieben sind die Herzlichkeit und auch das Kind in ihr, alles noch da. Nur lebt das verhaltener.

Vielleicht ist es ja auch die Zeit, die schreit: «Du bist jetzt alt, benimm dich endlich mal» denkt Emma jetzt und beißt in eines ihrer Lieblingsbrötchen, das wieder mal so schmeckt.

Der Tisch so liebevoll gedeckt von ihrem Mann, der allerdings schon weiter ist und Fahrrad fährt. Wie jeden Tag macht er Programm und hält sich strikt daran. Emma seufzt. Die Disziplin ist nicht ihr Ding. Und außerdem, auch sie fährt Fahrrad, doch nimmt dabei nichts ab. Da hat sie wohl ein Teufelsrad!

Gut, es hat Motor und trägt die Emma leicht in alle Richtung – doch immer ganz dicht hinter ihrem Mann, der allerdings dabei so richtig *schweißt*, er stellt ja auch den Motor ab. Alleine fährt sie nicht und deshalb nimmt ihr Mann sie immer mit.

Noch einen Kaffee, dann leg' ich mich wieder hin kommt der Emma in den Sinn.

Emma, schau dich an

«Emma, komm mal ran und schau dich an»
Der Spiegel spricht zu ihr in warmen Tönen. Er
will der Emma nichts, sie soll ihm bloß nicht
zürnen.

Eigentlich ist der Spiegel dazu da, die Wahrheit
auszusprechen. Doch oft gelingt ihm das auch
nicht, denn jeder sieht wie oft, was er nur se-
hen will und der Spiegel bleibt dann auch
meistens still.

Doch heute fasst er Mut, denn Emma, sie ist
wild bis wildentschlossen, will nackte Wahr-
heit sehen.

Behutsam will der Spiegel sein, als sie nun vor
ihm steht und sagt: «Emma, schau mal richtig
hin, du willst dich immer nur von vorne sehen,
ganz passabel noch das Bild, das ist auch
schön.

Doch wenn du dich zur Seite drehst, dann sen-
ke nicht den Blick und halt dich jetzt auch so
mal aus.»

Emma dreht sich nun wie eine Eiskönigin – so
kalt wird jetzt ihr Blick. Was sie da sieht, raubt

ihr fast den Verstand. So sieht sie jeder, nur sie steht täglich ganz galant vor diesem Spiegel, der ihr nie widerspricht in dieser gnädigen Frontansicht.

Der Spiegel, er ist sehr verzweifelt, fühlt förmlich diese Demütigung, doch ist es jetzt zu spät und wer die Wahrheit spricht, braucht eigentlich ein schnelles Pferd.

Tag 4

Emma will nicht mehr ... Tag 4

Der Frühstückstisch wie immer reich gedeckt. Der Quark sagt auch nichts mehr.

Die Lieblingsbrötchen jubeln, schmecken so nach mehr. In Emmas Kopf lebt nur das Wörtchen *mehr*, sie kaut mit vollen Backen. Das schmeckt so sehr.

Was hat sie noch? Warum soll man sich das denn nicht gönnen? Und eine Stimme in ihr spricht «**du schaffst es nicht!**»

Da bleibt der nächste Bissen der Emma im Gewissen und nach dem ersten halben Brötchen versteckt sie das Besteck.

Wer hat den Vorhang denn geöffnet und wofür steht das *mehr*?

Die Wünsche für das neue Jahr leben nicht erst seit heute, nein, 365 Tage im Jahr wünscht die Emma sich doch schlank.

Eigentlich will sie nicht mehr. Und *mehr* steht jetzt für weniger und auch der Spiegel

würde sich sehr freuen und spricht zu ihr:
«Emma, gib' bloß nicht auf ... doch stehe ich
trotzdem immer und jederzeit zu dir.

Nimm meine Hand
und lass uns weitergehen ...»

Vor dem Schrank

Tag 5 – er steht im Gang und Emma vor dem Schrank.

Hier hängt unendlich viel an Kleidung. Seit Jahren nicht getragen, liegt sie hier wie begraben, weil Emma das Essen ja nicht lassen kann 😐

«Was würde ich mich freuen, wenn all das vielleicht bald wieder passen würde» seufzt Emma und kostet minutenlang an diesen Träumen, sieht sich neben Winden stehen und lachend durch die Wiesen tanzen. Frei im Kopf, auch dort liegt viel Gewicht, doch das zu verlieren, ist eine andere Geschichte.

Das träumt sich gut, denkt Emma und ihr wird klar, wie weit der Weg bis hierhin war. Warum kann man sich nicht am Riemen reißen, muss immer weiter in diese Brötchen beißen, die eigentlich gar nicht schmecken, nur den Eindruck wecken.

Befriedigt will der Gedanke sein, der hängt oder klemmt, nicht weiter weiß und dann nur beißt.

Emma fühlt sich so weise ....

Hat vielleicht gerade etwas erkannt und über-
legt nun an dem Weg, der sie in diese Freiheit
weht und dann vielleicht auch hier in diesen
Schrank, über kurz oder lang.

Tag 6

Heute macht die Emma nichts – heute wiegt sie sich

Egal wie viel die Waage heute zeigt, immer noch ist es zu viel.

Doch jeder Weg beginnt erstmal und irgendwann und irgendwie.

Emma weiß sie braucht jetzt Zeit und viel Geduld und Liebe zu sich selbst und an die Ausdauer wird gerade die höchste Anforderung gestellt

Die Emma löffelt Morgenquark in sich hinein, beißt gleichzeitig ins halbe Lieblingsbrötchen rein und überlegt:

Sie will keine Kalorien zählen: NEIN, sie will sich eher mehr zusammen nehmen will keine Kaffeetasse mehr auf ihren Hintern stellen können

Die Hälfte will sie essen und auch die Hälfte werden.

Heute macht die Emma nichts – heute wiegt sie sich

Emma is(s)t weniger

Der Teller abends bleibt im Schrank, liegt morgens nicht mehr leergegessen unterm Bett und Emma kennt ein neues Wort:

Gottseidank!

Auch das Gewissen will Emmas Sinneswandel nicht mehr missen. So leicht und unbeschwert hat es schon lang nicht mehr gelebt und schmeichelt sich in jeden Gedankengang, hält allerdings immer noch die Luft an, wenn es um das Essen geht.

Doch Emma lebt noch wild bis fest entschlossen, will ab sofort jeden Bissen richtig kosten. Genießen will sie, nicht mehr stopfen, auch das Gewissen nicht mehr lenken oder in den Keller kämpfen.

Emma will! Und nicht nur die Tage halten still ... mal noch

weil Emma das so will ...

Emma weiß

Es wird ein langer Weg und fühlt die Angst, sich zu verringern. Der Panzer, der sie jahrelang geschützt durchs Leben trug, dem geht es an den Kragen. Wer soll sie bitteschön denn dann noch tragen?

Doch das ist nur ein Moment und sie erkennt, dass sie sich nach wie vor verrennt.

Getragen ist das falsche Wort.

Geschützt gelebt an einem selbst erdachten Ort und Emma fühlt die Wahrheit, sieht sich dort an diesem selbst erfundenen Ort.

Das Wort zum Ort, doch auch Gedanken können denken und sich in neue Wege lenken.

Mal sehen, wohin die führen ...

Tag 9

Auch heute springt die Emma auf die Waage, doch der Erfolg bleibt aus.

Kein Applaus im Zirkuszelt, das hat die Emma höchstens ab und zu mal an.

Sicher sehen Katastrophen schlimmer aus, aber Emma fühlt sich plötzlich krank und schlapp und müde.

Die Lust ist gerade gegangen. Zur Hintertür hinaus, lässt sie diese aber gnädig auf. Der Frust ist noch nicht angekommen doch eilt dort hinten schon herbei.

«Warum kann ich nicht warte », denkt Emma jetzt.

Nie gebe ich mir Zeit, mich auf irgendwas zu freuen. Alles muss sofort passieren! Doch wenn das Auto kommt oder selbst die Couch, dann ist sie da, die Zeit zur Fertigung. Da freu ich mich und warte furchtbar gern.

Sie schließt die Tür, der Zweifel hätte es fast geschafft, doch die Emma will keine Hintertür mehr haben.

Sie will Zeit und gute Laune haben

Sie will ...

und Untergang
sieht sowieso ganz anders aus!

Der Tag danach

Morgen ist Tag 10

Emma kann sich nicht mehr sehen. Verzweifelt sucht ihr Blick nach einem Anhaltspunkt, muss doch jetzt im Moment erstmal wieder auf die Waage gehen.

Doch es hat doch kein Zweck – die Wahrheit ruft, sie senkt den Blick, doch ihre Augen leuchten auf, zumindest hat sie mal nicht zugenommen.

Da kommt doch glatt die gute Laune wieder raus und setzt sich mit an ihren Frühstückstisch – heute Morgen gibt es Quark.

Der beste Mann sitzt mit dabei und beißt in leckere Brötchen. Er schwärmt von gestern und Emma lacht ihm zu: Über Land sind sie gefahren und irgendwo dann eingekehrt. Landgasthöfe haben so viel Charme, man sitzt gemütlich im Kamineck.

Der Kaffee schmeckt dort immer so besonders und auch der Kuchenduft zog durch das ganze Haus und das hielt Emma nicht mehr aus! Die

Himmelstorte steht irgendwann dann auch vor ihr und schmeckt so sehr, der Blick hinaus in die Natur.

Der Kaffee dampft und Emma mampft.

Gerad beugt der beste Mann sich augenzwinkernd zu ihr vor und lacht. «Hat es dir gestern denn geschmeckt?»

Sie lacht zurück und sagt: «Ja klar, und heute wird weiter abgespeckt!»

mit Verspätung

Der Kuchen hat doch noch zugeschlagen, wie es für einen Kuchen ja auch üblich ist.

Hinterrücks und heimlich hat er sich auf Emma draufgeladen, so hat sie ihn jetzt jederzeit im Blick. Auch die Waage hat er im Sturm genommen, lebt jetzt mit ihr und die trägt seitdem wieder schwer (er).

Na klasse, ganz famos!

Das Gewissen könnte brechen – doch wird den Kuchen so jetzt auch nicht mehr los.

Aber Emma gibt nicht auf:

Auch so etwas gehört zum Abnehmlauf. Die Hose eine Nummer kleiner muss halt noch warten.

Die hängt ja auch noch im Geschäft und Emma trägt wie immer weiter Zirkuszelt.

fast eine ganze Woche später

Was ist eigentlich aus Emma geworden?

Den Mund so voll hat sie genommen und nur erklärt und uns belehrt und sich in ihren Visionen schon schön schlank gesonnen. Doch sitzt jetzt ganz da hinten und futtert heimlich ihre Lieblingsbrötchen – allerdings nicht mehr nur eins, nein es muss jetzt auch ein zweites sein.

Nachdenklich kaut die dicke Frau. All das passt mal wieder ganz genau. Nie mehr wollte sie sich selber zwingen und auch keine Diät nie mehr beginnen. Selbst den Jo-Jo Effekt wollt sie nie mehr kennenlernen, trägt der doch auch die größte Schuld, dass die Emma wächst und wächst. Ein neues Jahr im alten Kleid. Es hat sich nichts geändert.

Euphorie bleibt nie!

Wieso kann die Emma das nicht wissen, so alt wie sie doch ist? Warum sagt ihr das nicht auch ihr Bauch, so dick, wie der doch ist. Das Wissen um die Zwänge und die Erfahrung, die die Emma hat, sie hat es trotzdem nicht gelassen und greift nun nach dem dritten Brötchen, denn wer so mit seinem „Essen" kämpft, wird irgendwann dann nie mehr satt

Emma kaut

Nein, nicht an den Nägeln oder deren Haut, sie kauft ja täglich Lieblingsbrötchen.

«Der schlanke Wunsch ist fortgeflogen» denkt Emma jetzt und zieht die Zelte aus dem Schrank.

Traurig ist ihr Blick – wieder mal hat sie versagt. Selbst die Waage hält sie versteckt, erträgt digitale Zahlen derzeit nicht und hat auch große Angst, dass diese unter ihr zusammenbricht.

Die Welt, sie dreht sich nicht - jedenfalls nicht mehr um Emma und auch nicht um die Sonne.

Und Emma weint …. ganz bitterlich, ist so enttäuscht von sich und kann es doch nicht ändern.

GANZ TRAURIG WIRD IHR BLICK

Emma denkt

«Wenn schon nicht dünn, dann wenigstens braun» und betritt zum dritten Mal den Sonnenstudioraum.

Jeden Tag hat sie natürlich Spiegelpflicht, doch sieht sich dabei nicht. Sie liebt sich nicht und schaut sich deshalb auch nicht an.

Im Gegenteil – sie schämt sich so für sich. Die Unfähigkeit, sich selbst zu zügeln, ist ihr nicht erst seit gestern auf den Körper geschrieben.

Große Größen und Zelte tragen, doch nicht wie in einem Wohnwagen oder in Kroatien in einer blauen Bucht das Hauszelt für eine kurze Zeit urlaubsmäßig aufzuschlagen.

So liegt die Emma denkend unter ihrer Sonnenbank und findet den Vergleich jetzt gar nicht mal so schlecht.

Ein Haus im Haus, das hat auch sie sich innerlich gebaut.

Gedanken, die man mitnehmen kann von einem Sonnenbankengang.

Bilder die dabei entstehen, will man entdecken

Vielleicht sogar auch dieses Haus mal neugierig besehen und evtl. sogar betreten.

Hoch lebe sie, die Fantasie! Denn was wären wir ohne SIE?

Das ist ja verrückt

So denkt die Emma und schnallt den Gürtel heute um ein Loch enger.

Wie weit befreit so ein Gedankenspiel? Können auch Gedanken helfen indem sie sich mal lösen und nicht immer tonnenschwer auf dem Gewissen liegen? Was sind das denn für Fragen oder vielleicht sind es auch Thesen? Die Emma weiß es nicht.

Bisher kennt sie nur enge Wege, durch die man sich halt zwängt, in denen die Eigenliebe den ganzen Tag nur pennt. Sich selbst nie richtig mal beschaut, gleich immer weitermacht, immer nur an andere denkt und nebenbei verstopft was sich gerade in den Weg stellt, doch auch kurze Zeit so sehr beruhigt.

Schokolade für die Nerven. Die Fleischwurst und den Käse immer doch nur scheibchenweise, als Direktverzehr gleich aus dem kühlen Schrank. Pommes, Döner, vor und nach dem Essen und beim Bäcker schnell noch das belegte Brötchen auf die Backwarentüte obendrauf: «Soll ich Ihnen das noch einpacken?» «Nein danke, dass esse ich gleich im Auto auf.»

Gedankenlos nur vollgestopft, auch weil so oft jemand an ihre Türe klopft, dann hat die Emma immer Zeit, hört nicht nur zu, sondern macht auch viel, was manche aber gar nicht wollen.

Genau da bleibt die viele Energie, aber sie meint es doch nur gut, vergisst sich aber selbst dabei und wenn sie nur ab und zu so manches gar nicht täte, hätte Emma auch mal Zeit, vielleicht nicht die der Welt, könnte aber an sich denken und Entspanntheit lenken.

Kuchen mag die Emma nicht.
Da hat sie ausnahmsweise Glück.

14 Tage später

Die ganze Zeit denkt Emma: «irgendetwas habe ich vergessen», läuft dabei aber selbst so selbstvergessen durch die Zeit.

Sie sieht – jedoch nicht in den Spiegel – sie sieht in Menschenaugen und fühlt die Resonanz. Mal gut, mal locker und oft heiter, lassen sich die Leute immer wieder gerne auf die Emma ein. Gut gefühlt oder einander nah, dafür muss niemand auch noch schlank sein.

Das Licht verschwindet nicht. Emma nippt an ihrem Wasser und denkt, vielleicht nimmt sie sich doch zurück, merkt es nur nicht, denn der Gürtel hält war er verspricht. Ein Loch ist weiter enger.

Doch auf die Waage traut sich Emma nicht, weil spätestens die dann wieder viel zu viel und dauernd mit ihr spricht

6 Monate später

Emma isst nach wie vor und wiegt noch genau so viel, oder vielleicht sogar noch mehr.

Der Herbst verliert die Farben und ein halbes Jahr, es flog im Nu vorbei. Ungenutzte Chancen, denn immer wieder war der Teller voll.

Emma lebt im AUS bis GLEICH.

Warum, so fragt die Emma sich, bist du so dick? Warum schaffst du es einfach nicht?

Bist du so, weil du so gerne isst? Doch so gerne isst die Emma nicht. Das Gefühl, der Zwang der Hoffnungslosigkeit, macht gern bereit, diese Löcher zuzustopfen. Tag und Nacht, an das Essen wird immer gedacht.

Warum kann man nicht mal mindestens vier Stunden zwischen Mahlzeiten nur Wasser trinken und abends ohne Teller auf die Laken sinken?

Die Emma denkt, dass ihr das ganz schön stinkt.

das Leid im Weg

Emmas Wunsch hat sich wohl verkrochen. Lange hat sie nicht mit ihm gesprochen.

Angesehen fand sie sich, trotz alledem. Aber ob das SCHÖN noch andere in ihr sehen, darüber hat sie nicht mehr nachgedacht.

So gern gelacht und viele damit angesteckt, wurde all die Zeit verbracht. Nun gut, der Bund in ihrer Hose ist ja nun eng, der Bauch darin, er müsste weg, doch wenn – wie bitte sollte das geschehen?

Weggedacht und Spaß gemacht. Der Spiegel, er ist still.

Diese Emma macht doch was sie will.

Er seufzt. So schön könnte diese Frau doch sein, doch mit dieser Meinung ist er allein.

Der Emma schmeckt es Tag und Nacht und immer nur zu gut. Was nutzt da seine Wut.

Diese Frau, er kennt sie ganz genau, sie will sich nicht ergeben und mit weniger Kalorien ein ganz anderes Leben leben.

So bleibt er still und zeigt ihr immer was sie will. Er mag die Emma sehr, doch am liebsten zöge er jetzt sein Gewehr:

Die Emma würde er dann in einen Kinosessel zwingen und sie gerne mal zur Seitenansicht bringen.

Breitseits gefilmt könnte sie sich dann umrunden und den körperlichen Absturz erkunden.

Davon träumt er, will nicht mehr so viele Tücher vor den Spiegel hängen.

Er ist schließlich nicht ihre Feuerwehr!

Illusionen bringen hier nichts mehr

findet er.

Ein Besuch beim Ohrenarzt

Die Emma mit ihrem Dilemma, irgendwas ist da ja immer.

Nicht nur, dass sie immer mit sich kämpft, auch der Schlaf ist offensichtlich nicht ihr Freund.

Emma jedenfalls empfindet ihre Nächte sehr erholsam. Doch der Rest in ihrem Leben kann sich dem so nicht ergeben. Laut ist sie, sagt man und sitzt deshalb nun vor diesem Ohrenarzt.

Ein junger Mensch und sie als alte Emma erzählt nun von ihrem Dilemma. Dass sie so schnarcht. Irritiert sein Blick, er schaut sie gar nicht an, schaut nur an ihr herunter, wie sie da sitzt in seinem Stuhl.

Ihr dicker Bauch, auch darauf ruht sein Blick. Er schaut an ihr herunter und sofort wieder herauf.

Denkt nach, hört zu, lacht laut als sie erzählt wie lange sie jetzt schon alleine schläft. Ihr bester Mann hat seine Nächte schon vor langer Zeit ohne sie gewählt. Ein Bett und die Matratze waren damals schnell bestellt.

Und letztes Jahr im Krankhaus, die vielen Wochen, alle sind da auf dem Zahnfleisch gekrochen.

Doch auch die Emma, sie hat sich nicht erholt. Doch sobald sie kurzzeitig einschläft, hat ihre Bettnachbarin die Nachtschwester bestellt.

All das erzählt sie und alle lachen herzlich mit. Eigentlich ist das ist die Welt, die für Emma zählt.

Doch der Arzt wird ernst. Sein Blick ruht nun auf ihr. Zu dick sei sie, erzählt er ihr. Was außen haftet, klebt auch innen schwer an ihr.

Der Körper leidet, das müsse sie begreifen und Emma fällt es schwer, diesem Blick jetzt auch noch standzuhalten.

Schwer getroffen will sie heim, ist aber nicht allein. Die Tochter fährt und beide Enkel lachen sich kaputt. Das Gewicht der Oma haben sie gelesen auf dem Fragebogen und ist ab jetzt auch kein Geheimnis mehr.

Für Emma stürzt die Welt mal wieder ein ....

Loslassen wurde wieder nur der Wunsch im Denken, sich selber Platz zu schenken.

Worte, die vor einem halben Jahr an Emma kratzten hat sie still beerdigt in der Nacht, dort, wo immer ihre Teller liegen.

Sich selber wahrzunehmen und dabei den Organen Platz zu geben hat sie noch nicht geschafft.

Nie mehr darüber nachgedacht wenn sie mitten in der Nacht noch Brote schmiert und obendrauf mit Süßigkeiten verziert. Derart belastet fällt sie in den Schlaf, der Körper schuftet, weil er das gar nicht mag.

Frei zu sein sieht für ihn anders aus. Doch Emma sorgt Tag ein Tag aus für fette Speisen, die auch nachts noch durch den Körper reisen. Emma fragt sich, warum er niemals schreit und weiß ganz plötzlich sie geht zu weit. Ihr Körper kann nicht reden und zu allem Überfluss ist er auch noch den Gedanken völlig ergeben.

Ob diese Einsicht hilft?

Der Verstand will wissen
lernen und verstehen.
Nebenbei muss er begreifen,
wie andere ihr Leben sehen.
Zwangsläufig nimmt er das
dann auch noch auf.
Im Nebenlauf
erkennt er dann,
wie andere ihn ansehen
und unter Druck geraten fühlt er sich,
wenn noch ganz andere zu ihm sagen:
„das musst du doch verstehen."
Der Verstand muss jetzt begreifen:
Was er lebt, das kann nicht jeder sehen
und er sollte eigentlich verstehen,
warum andere das nicht sehen.

Was sehen denn die Andern?
Wenn sie das, was sie in ihm sehen nicht begreifen
dann müssten sie folglich das doch auch verstehen.

... und so lernte er die Vernunft kennen ...

Der Verstand sieht jeden Unsinn, die Vernunft rät,
manches davon zu übersehen.

Wieslaw Brudzinski

Warum

macht es nicht klick
wenn der Kopf dir sagt
du bist zu dick

Späte Einsichten

Ein ganzes langes Leben
wünscht du dich schlank
und warst es wirklich mal
doch hast es nie gesehen
aber irgendwann ist selbst
dein Körper auch bereit
und zeigt dir endlich was
dein Geist dir immer zeigt

so arbeiten Gedanken
wollen Resultate sehen

Schichten über Schichten

bilden sich und du
verlierst irgendwann dein Ich
denkst nur noch in Kalorien
die Waage wird zum Feind
und Diäten stehen Schlange
welche kennst du noch nicht?

Schrecklich

Dein Kopf fast krank
dein Körper nicht mehr schlank
dein Leben wird regiert
deine Gedanken zensiert
deine Gefühle programmiert
deine Wahl ist so fatal
Gelüste winden sich
wie ein hungriger Aal

Hoffnung(s)los

Tüten über Tüten
lagern gar nicht lang
Der Tag er ist verstimmt
so viel hat er sich vorgenommen
doch die Hand die immer wieder greift
stündlich süße Sünden aufreißt
auch sauer wird genommen
abends ist man scharf gesonnen
doch nur die Chipse knistern
und Zähne mahlen tagein tagaus
die Waage spuckt das Resultat dann aus

Im Frühstücksraum

Dem Morgen ist so schlecht
es gibt schon wieder Speck
eine Ei hätte es doch auch getan
fette Wurst und gute Butter
das Herz es stöhnt
HAT ES NICHT LEICHT
Quark schmeckt auch
und hätte heut gereicht
dem Morgen ist so schlecht
er will gar keinen Speck

Gesundes

Der Müsliriegel aus dem Biomarkt
ein Eiweißdrink vom Supermarkt
Fast im Food – auch während der Diät
schäl lieber Möhren – ist nie verkehrt

Wohlsein

Der Tag er mault
will auch mal raus
vielleicht spazieren gehen
oder was von dieser Welt sehen
der Magen lächelt ganz gequält
hätte gerne auch mal Zeit
entspannt und ganz schön leer
da träumt er schon so lange von
Urlaub wäre das für ihn
so entspannt - nur ein paar Stunden
was gäbe er dafür ...

Verlierer

Der dicke Bauch muss weg
und das Wasser in den Beinen
doch du brauchst nicht zu weinen
du kennst ihn doch den Schlüssel
Trink dein Wasser und denk nach
fühl dich gut auch wenn
dein Körper widersprach
Gewonnen hast du
nicht nur den Moment

Entscheidung

Dick oder Dünn
wo willst du hin?

Reisende

Du weißt doch
wie was geht
und es nie zu spät
jedem Kilo
hinterherzuwinken
das dein Gewicht
lässt sinken

Ziele

Es geht darum
den Weg zu finden
zu sich selbst
wo keine Kalorie
zählt

Im Labyrinth

Du denkst dich schlank
zwischen deinem Futterzwang

Regeln

Täglich einmal sollst du schwitzen
und das kommt nicht vom sitzen

Knallhart

Wenn es überall zwickt
die Kleidung nicht mehr richtig sitzt
die Waage nicht mehr zählen kann
wo setzt man da am besten an

Eine Schere
Schnipp und Schnapp
schneidet alle Pfunde ab
danach ins Koma legen
Schnittwunden pflegen
funktionslos alle weitere
Mahlzeiten verschlafen

Das geht leider nicht
Disziplin ist Pflicht

Doch bei manchen
funktioniert das eben nicht

Gekonnt

Du möchtest dich ändern
würdest so gerne schlendern
durchs Leben so glücklich
doch läufst eher dicklich
mit dem Schicksal im Reim
weitervererbt hast du
nur das *allein*

Weekly

Dein Fuß nicht mehr so leicht
deshalb dein Gang gebeugt
das Leben zeigt die Stirn
verwirrt schon mal das Hirn
an vielen Jahren alt
deine dickliche Gestalt
manchmal so traurig im Gemüt
doch wartest gern auch ab
was heute wohl noch alles blüht
kannst dann vielleicht auch lachen
und immer wieder etwas daraus machen

Träume

Die dicke Frau ist allen peinlich
doch die ist da nicht kleinlich
sie schreibt und merkt
wie stetig sie doch wächst
und hofft das ihr Gewicht
sie endlich mal verlässt
beseelt von den Gedanken
sieht sie gefallene Schranken
denn wer sich streckt
hat vielleicht nicht nur
den Stoffwechsel geweckt

Von Westen

Liebe setzt Segel
Gefühle im dicken Bauch
alle Leinen los

Im XXL Format

Ein
dicker Panzer
sorgsam dich umgibt
er ist deine Rüstung
Flächenbrandgebiet

ENDE

Zum guten Schluss

Ich will so bleiben wie ich bin

Bald jede Titelseite ziert eine dieser Erfolgsge-
schichten.

Paula F., Christa D. und wie sie alle heißen ha-
ben es geschafft. 25 Kilo weniger klettern sie
stolz in ihre übergroßen Hosen, die irgend-
wann auch einmal passten. Natürlich freuen
wir uns mit.

WIR??   Wir sind die, die es in den Augen der
anderen nicht schaffen aber trotzdem mit ei-
ner gehörigen Portion Selbstbewusstsein
durch den Tag laufen. Ganz schön rund – na
und? Doch das war ein langer Weg, denn auch
wir haben eine Geschichte, eine Vorgeschichte,
die sich im Irrgarten unzähliger Diätversuche
wiederfindet, aus vielen Tiefen und schwarzen
Löchern der Misserfolge immer wieder an
Licht finden musste.

Aber eines Tages hat der Magen die Nase voll.
Gebeutelt von Fressattacken und Hungertagen
bittet er den Verstand um ein Gespräch: "Ich
kann nicht mehr" weint der Magen. Der Ver-
stand schaut ihn verlegen an. „Was soll ich
denn tun? Da ist so viel Druck von außen. Du

siehst sie ja nicht, die Blicke, die man uns nachwirft, und jeder tuschelt etwas anderes. Ich kann das nicht mehr hören." „Aber DU denkst doch immer ans Essen" jammert der Magen und ich muss darunter leiden. So sprechen Sie bis tief in die Nacht und fällen gemeinsam eine wichtige Entscheidung. Am nächsten Morgen wird die Diätfalle im Kopf abgeholt und entsorgt.

So in etwa muss die Befreiung gewesen sein! Es wurde Platz geschaffen für viele andere gute Gefühle, der Salat steht jetzt auf dem Tisch, weil er schmeckt und wenn sich heute jemand nach uns umdreht, könnte das auch ganz andere Gründe haben.

Andrea Ade
erschienen im Mühlengrundjournal
Ausgabe 25 - 06/2012

Halten und Trösten

gerade wenn wir
schwach sind
bedürfen wir
eines lieben
dicken Freundes,
der uns fest hält
und tröstet

unbekannt

****
Vielen Dank
für das Interesse
an meinen Gedanken
und
ich wünsche Euch
viel Licht auf Euren Wegen
☺
****

Andrea Ade
www.andrea-ade.de